山崎先生、お金の『もうこれだけで大丈夫！』を教えてください。

90分で
一生役立つ
お金の授業

山崎　元

Gakken

人生、お金の
かかることばかりで
なにかと心配……

お金の
「もうこれだけで
大丈夫！」を
教えてください！

そんなあなたに
山崎先生が
90分の特別授業を
してくれました！

目次

はじめに

こんにちは。

経済評論家の山崎元といいます。よろしくお願いいたします。

今日は、みなさんに、お金についてのお話をします。

まず最初に知っておいてほしいことがあります。

世の中には、あなたから無駄にお金を取るように考えられている商品があふれています。お金は、増やそうとするより、

まずは、損をしないようにすることが一番大事だということ

です。

いま授業を聞いている人は、なんとなくお金持ちになれたらいいなあと思っている人は多いかもしれませんが、「お金のプロ」になろうとしている人は少ないでしょう。

今日は、できるだけやさしく、無理なく、どんな人にでも役立つ、「これだけで大丈夫！」ということをまとめて、お話をします。

お金のことは、「やってはいけないこと」には手を出さず、手間をかけずに増やせる「いいこと」をする。実はそれだけです。「ダメなもの」と「いいもの」を覚えておくだけでいいのです。

＼一生役立つ／

お金の「これだけ！」

お金の選択「ダメなもの3つ」

- リボ払い
- がん保険
- お任せ運用

お金の選択「これはいい！」

全世界株式インデックス・ファンドの
「ほったらかし投資術」

ずいぶん簡単で、驚いたでしょうか。

みなさんは、

×リボ払い、×がん保険、×お任せ運用。

◎は全世界株式インデックス・ファンドのほったらかし

と、メモして、覚えてくれるといい。

この記憶を手掛かりに、将来生じるお金のあれこれの意思決定をしてくれたら、大きな間違いをしないのではないかと期待します。

では、順にまいりましょう。

GOOD

お金の選択―ダメなもの1

リボ払いについて

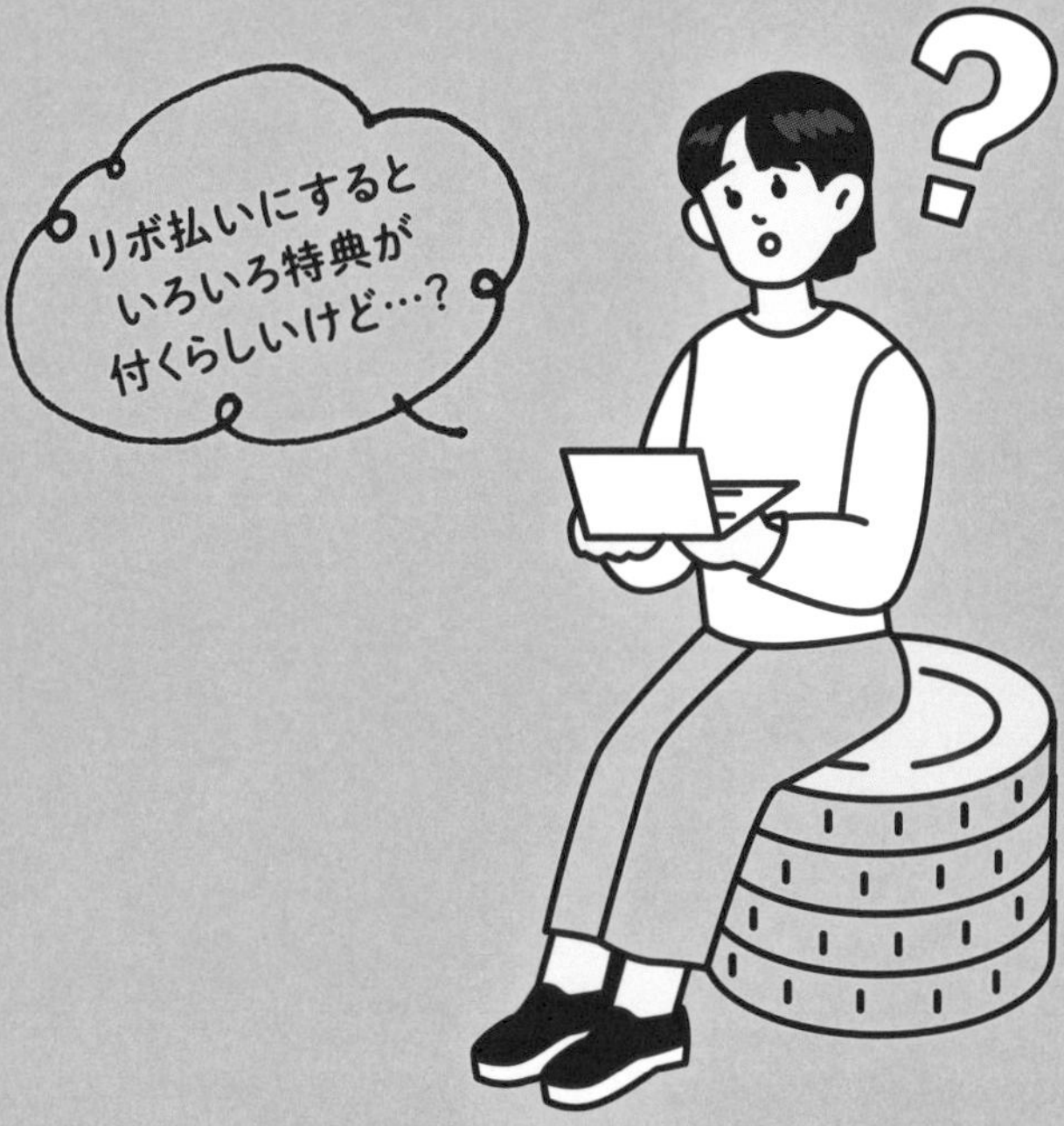
リボ払いにすると
いろいろ特典が
付くらしいけど…?

リボ払い

みなさん、クレジットカードの「リボ払い」って分かりますか。もう少し丁寧に言うと、「リボルビング払い」です。例えば、10万円の買い物をした時に、10万円分を一括で支払うのではなくて、毎月1万円ずつのようにあらかじめ決めておいた一定額を支払っていく決済方法です。

「大きな買い物があった場合に、一度にではなくて、平準化して支払うことができるのでいい」と勧められることがあります。カードの申し込みをする時に、リボ払いでの決済を選択すると何らかの特典を与えてくれる場合もあります。

しかし、リボ払いの利用はまったくお勧めできません。先生は、大学で講義を持っていた頃、毎期ごとに必ず**「一緒に買い物をする時にリボ払いを選ぶ恋人とは、結婚しない方がいいですよ」**と学生に言うことにしていました。なぜか。経済観念の乏しい相手と一緒に暮らすと苦労するだろうから、というのがその理由です。

リボ払いは、率直に言って「大きな問題」ではありません。しかし、考え方としては大事な問題を含んでいます。

リボ払いは、先の例で言うと、最初の決済日が来た時に決済用の銀行口座から1万円が引き落とされますが、残りの9万円はカード会社に対する借金となります。これが毎月1万円ずつ返済される予定なのですが、近い将来にまた大きな支出が生じた場合に、借金の残高が溜まっていくことになります。

問題はこの借金の金利です。「リボ払い手数料」という名目で利息が含まれています。カードの条件にもよりますが、現在の金融情勢だとだいたい14〜18%くらいであることが多いのです。14%としても、率直に言って高い。高過ぎる。だから、リボ払いはやめましょうと常々言っています。ぜひ覚えておいてください。

「14%」はなかなか印象的な数字です。14%の金利での借金は、5年間で元々借りた額の2倍になるからです。1・14を5回掛け合わせると、約1・9254になります。約「2」です。

iPhoneをお持ちの方は電卓のアプリを立ち上げて、画面を横にすると関数電卓の状態になります。そこで、**「1・14、xʸ、5、=」**と入

リボ払いは手数料(金利)が怖い!

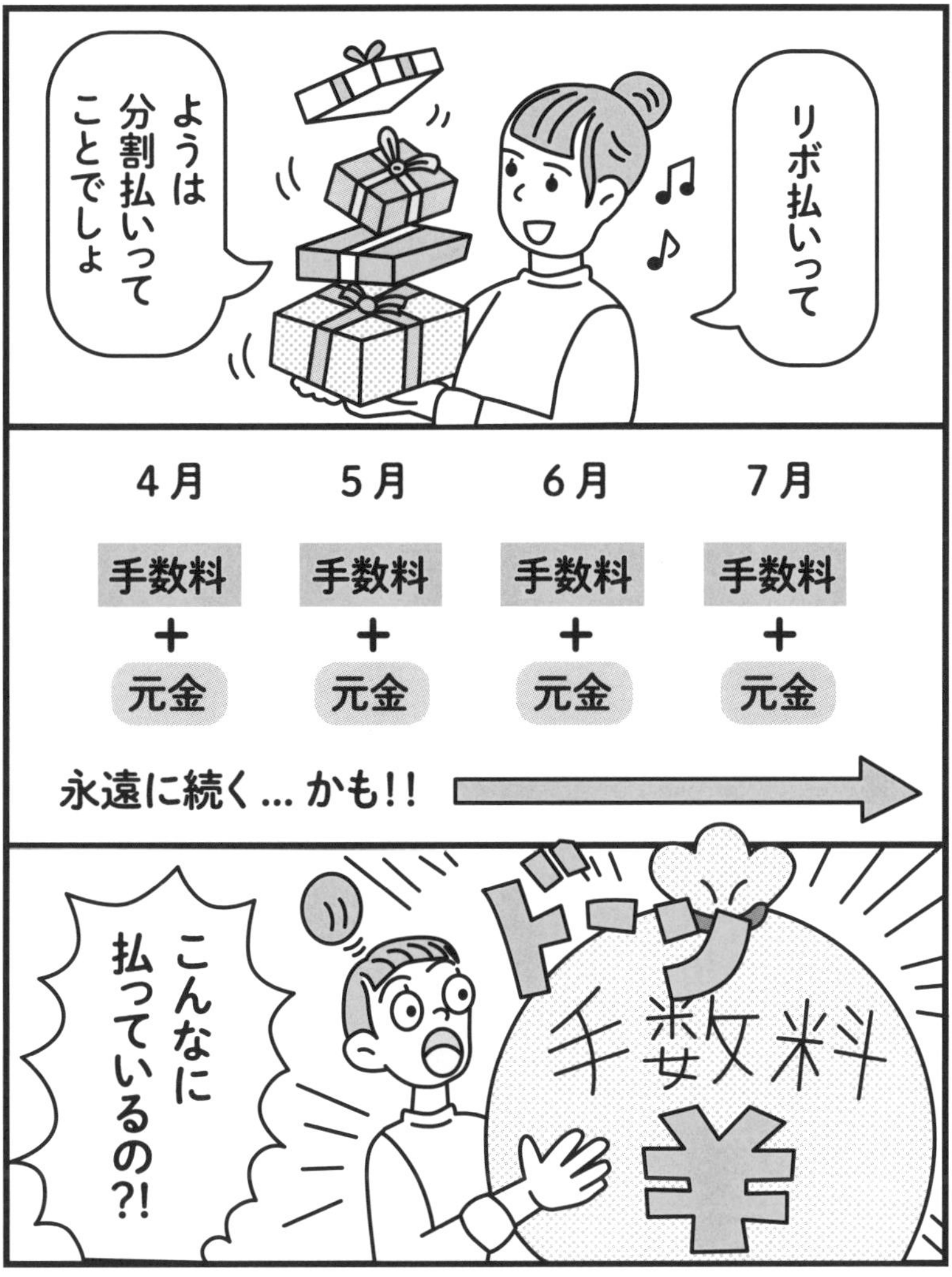

力すると計算できます。

これまでの金利に次の金利が掛け算されて借金や資産の残高が増えていく計算のことを「複利」と呼びますが、複利にはしばしば意外なくらい大きな効果があります。

ここで、電卓を使わなくても大まかな計算ができる**「72の法則」**という原則を紹介しておきます。「年率○%」という1年当たりの利率から%を取った数字で72を割り算すると、複利で増える残高が2倍になる年数が概算できるという簡便法です。

例えば、お金を増やすとして、**年利8%で運用できれば9年で運用資産が約2倍になります。6%なら12年、4%なら18年、3%なら24年、2%なら36年、といった具合です。**7%とか、5%、といった覚えておこう！

72の法則

年率8％で運用すると…

72 ÷ 8 ＝ 9年

倍になるのに9年かかる

年率4％で運用すると…

72 ÷ 4 ＝ 18年

倍になるのに18年かかる

年率3％で運用すると…

72 ÷ 3 ＝ 24年

倍になるのに24年かかる

※年率7％や5％など計算しづらいときは70で計算を！

数字の場合は72ではなく、70を使う方が便利かもしれません。**7%なら10年、5%なら14年、3・5%なら20年、といった具合です。**

借金に話を戻すと、この逆の形でお金が消えていくのです。14%という金利がいかに高いかお分かりでしょう。今の金融情勢(長短の金利がほぼゼロ)だと、株式で運用する場合の期待利回りとして機関投資家が使う数字が、年率で5%から6%くらいです。年間100万円に対して、お金を増やす方はリスクを取っても5、6万円だというのに、借金の方は確実に14万円取られるのです。

リボ払いは、やや気がつきにくいし、率直に言ってこれだけで大問題になるほどの借金を抱えることはめったにないだろうと思います。

もっと大きな問題になりやすいのは、金融機関がしばしばテレビCM

やネットで「お手軽に借りられます」と宣伝しているカードローンでしょうか。金利水準はさまざまですが、おしなべて高いことが多くてそれ自体が損ですし、ローンを利用しているうちに残高が膨れあがって困った状態に陥ることがあります。

では、借金が全てダメなのかと言うと、そのようなことはありません。現に多くの企業は銀行からお金を借りてビジネスを行っています。

ここで、利用してもいい借金の3原則を挙げておきます（20ページ）。

リボ払いやカードローンは**その3**がダメですし、**その1**もダメかもしれません。個人が借りることのできる借金で金利がリーズナブルなのは、住宅ローンと奨学金でしょうか。住宅については、本当に買うことが適切な

借金利用を考えていい場合の3原則

その1
金利よりも有効なお金の使い道があること

その2
返せるスケールの借金であること

その3
大きく不利ではない金利であること

物件なのかについてよく考える必要がありますが、**その2**の条件が余裕を持って大丈夫なら利用していい場合があります。奨学金は、**その1**の条件次第のような感じがします。

リボ払いの話題の最後にもう一つ付け加えましょう。

クレジットカードを申し込む時に、リボ払いを選択すると、何らかの特典が付いてくる場合があると言いましたが、これは「怪しい」と思いませんか？

「お得です」と言われた時に、「怪しい」と疑う感性というか、反射神経が、お金の世界では重要です。相手が儲からない、つまり自分が損をするのでない場合に「特典」が提供されることはほとんどありません。気をつけましょう。

リボ払いまとめ

- 知らず知らずに**金利**も払わされるリボ払いの**怖さを知ろう**

- 借金の金利はイメージするより**大きい**。カードローンには**近づかない**

- **「お得」**と言われたら、**「怪しい」**と疑う感性を持とう

お金の選択——ダメなもの2

がん保険について

がん保険

避けた方がいいものの2番目にがん保険を挙げます。

「日本人の二人に一人はがんにかかり、三人に一人の死因はがんです」

としばしば言われます。

「だから、がん保険に入って備えた方がいいのではないか」と思う人がいるかもしれません。しかし、正しい考え方は真逆なのです。**「がんのようなありふれたイベントに対して、保険が適切なはずがない」と考えるのが、正しい考え方です。**

ちなみに、先生も、食道がんにかかりました。

がんにかかってしまった後で振り返ると、先生は「がん保険に入っていたら得をしていた」はずです。

例えば、がんだとの診断を受けた時に何十万円かもらえたかもしれないし、治療のためにこれまで40日以上入院しましたが、入院1日当たり1万円とか、1万5千円とかをもらえたかもしれません。いずれも経済的に助かっていただろうことは間違いありません。

しかし、「意思決定」としてはがん保険に入らない方が正しかったのです。この結論には自信があります。ポイントは、公的な**健康保険**について知っているかと、**確率の考え方**が分かるか、の2点です。

特に後者が分からない人は、いつになっても金融ビジネスの「カモ」であり続ける心配があります。しっかり理解しましょう。

健康保険最強！

ケガしたり
病気したり
医療保険入っておいた方がいいのかな？
これがあるじゃないか！
健康保険証 0000-00
マイナンバーカードと一体でさらに便利に！

先生の事例で説明しましょう。

がん保険に入らないことが正しい理由は、

(1)どうしても必要な治療費の支払い額が貯金のほんの一部から支払う程度で十分であり、

かつ**(2)保険に加入する時点での確率を考えたら保険契約は損だから**、の2点です。

先生ががんだと診断されたのは2022年の8月でした。その後、抗がん剤治療で2回、手術で1回の合計40日入院して、11月に退院して一連の治療を終えました。手術代その他の医療費をひっくるめて、そこまでに支払った医療費は240万円くらいでした。ただし、そのうちの約160万円は、先生が個人の意思で選んだ個室の入院費(差額ベッド代)で、1泊当

山崎先生の医療費の内訳

かかった医療費	差額ベッド代
80万円	160万円

健康保険等 → 医療費として実際に支払ったお金

約14万円

自己負担は
意外に少ない!?

たり約4万円でした。これは、個人的な贅沢です。

そして、残りの医療費の約80万円についても、先生が勤務先を通じて加入していた東京証券業健康保険組合の「1回に2万円を超える保険診療の医療費支払いは、差額を補填する」という制度があったおかげで、かなりの金額が戻ってきました。

計算してみると、**「どうしても自分で支払わなければならなかった医療費」は約14万円に過ぎなかった**のです。仮に、がん保険に入っていたとしても、受けられた治療内容は全く同じです。

もちろん、仮にその時点でがん保険に入っていれば、なにがしかの給付があって経済的に少し助かったことは間違いないのですが、それは「後から見た結果論」です。保険に加入するかしないかは、将来の自分に保険の対象になるイベントが起こるか否かの確率を考えて、その確率を加味したメリットと保険料の支払いを比較して考えなければなりません。

「将来がんにかかる確率とその際の保険のメリット」を考えるのは、何とも複雑そうに思えます。先生自身も計算できる気がしません。しかし、心配はいりません。**保険会社が現に存在していて、がん保険を売っているという事実が、確率を加味して考えても、保険会社が大いに儲かることを示しています。**保険の加入が平均的に見て加入者にとって得なものなら、保険会社はつぶれてしまいます。

生命保険は、しばしば「不幸の宝くじ」と呼ばれます。不運だった人が「当たり」を引いて大金をもらう賭けだからです。そして、宝くじがそうであるように、平均的には賭けの参加者が損になるようにできています。

つまり、不運な場合でも自分が十分に支払うことができる程度の損害に対して保険に入ることは損であり、非合理的なのです。

それでも保険が必要なのは、例えば自動車事故の賠償責任が個人ではとても支払うことができないほどの金額になるような事態に備えた保険のような場合だけです。めったに起こらないけれども、起こった場合には、破滅的な負担が生じるかもしれない事態に備える場合です。

つまり、保険というものに対しては、「損だと分かっていながらも、どうしても必要なものについて、（泣く泣く）加入する」のが正しい付き合い方なのです。

この点を考える上で、**「事前の損得」と「事後の損得」をしっかり区別することが肝心です。**

「事前の損得」は、自分ががんにかかったり、なにか事故などに遭う確率から想定される損得、「事後の損得」は実際にそうなった場合にかかる費用を考えた損得です。

がんにかかる確率を考えずに、がんにかかっても保険に入っていると少し助かるだろう、くらいに思ってなんとなく保険に加入するような考え方は良くありません。

なお、**大きな病気にかかっても治療費が貯金からの支出くらいで十分まかなえるのは、日本の健康保険制度がよくできているから**

です。

みなさんが加入する健康保険にはいろいろな種類がありますが、おそらく加入者にとって一番条件がよくない国民健康保険（通称「国保」）でも、毎月の高額療養費制度という医療費の上限を所得別に決めて、これを上回る医療費を補填してくれる強力な制度があります。**「高額療養費制度」という言葉をぜひ一度ネットで検索して調べてみてください。**

加えて、会社ごと、業界ごとにある保険組合の保険に加入している場合は、組合ごとに独自の補填制度がある場合があります。先にお話ししたように先生は、東京証券業健康保険組合のおかげで大変助かりました。

さて、生命保険に限らず、保険に入ることを検討してもいいのは次の2条件を満たす場合です。

左ページの2条件を満たさないものに保険を使うことは非合理的なのです。

がんは、二人に一人ががんにかかるくらいありふれた病気なので、条件**その2**を満たさず、保険にはなじみませんから、がん保険はいりません。

加えて、条件**その1**の心配も健康保険でカバーされています。

歳を取って老後のお金が心配なのもありふれたイベントなので、保険にはなじみません。資産運用を目的とした保険は、ほとんどのものが同様の運用内容を持つ投資信託などの他の運用商品を利用するよりも手数料が高いので、明確にダメです。**変額保険、年金保険、運用目的の終身保険などもいらない保険です。邦貨建て保険、外貨建て保険、いずれも不要です。自信を持ってセールスを断りましょう。**

保険の利用を
検討してもいい２条件

その1

**イベントが起きた時に
必要なお金が貯金では
まかないきれない
くらい大きい**

その2

**確率的にはめったに
起こらないような
イベントである**

一方、必要な保険とはどんな保険かというと、十分な貯蓄のない夫婦に子どもが生まれた場合に、稼ぎ手が働けなくなるような万が一のことがあった場合に、収入を助けてくれる保険でしょう、例えば、死亡保障のシンプルな保険を必ず掛け捨てで利用しましょう。

なお、このニーズに対するもっと厳密な正解は、**所得補償保険（就業不能保険と呼ばれることもあります）を子どもの成人まで、同じく掛け捨てで利用することです。**この保険だと、加入から時間が経過すると補償額が小さくなるので、保険料がさらに安くなります。先生は、保険評論家の後田亨氏に聞いて、この保険の利用の仕方を知り、「なるほど」と思いました。

掛け捨ての保険を嫌う人がいますが、これは正しくありません。「捨て」

という言葉のイメージがよくないのかもしれませんが、将来、例えば満期の時にお金がいくらか返戻金の形などで戻ってくる保険は、リスクに対する保障のための保険に加えて、**保険会社の運用サービスを手数料を払って利用しているという理屈**です。検討に値しません。

日本人は、概して言うと保険好きで、特に生命保険料を余計に払っている家庭が少なくありません。無駄な保険を解約して、保険料の支払いを節約すると家計が楽になることがしばしばあります。保険料に支払うことができるお金があれば、その分を積立貯蓄・投資に回す方がはるかに適切なことが多いでしょう。

このほか、相続税対策の保険や、保険料の所得控除を利用する節税目的のためだけの保険が、「保険を使ってもいい場合」として存在しますが、多くの人にとって気にするには及びません。

民間の生命保険会社の保険には入らない方がいい場合がほとんどなのだと、まずは理解しておくことのメリットが大きいと先生は思います。

特に、がん保険は、入らない方がいいことが分かる保険の筆頭だと思いますが、それでは、なぜ多くの人ががん保険に加入するのでしょうか。

一つには、保険会社が一所懸命に売るからです。投資信託などと比較しても、粗利率がひと桁大きい商品なので、売り手が熱心だからです。テレビCMなど派手な宣伝もよく見ますね。一方、買い手側では損得の判断が難しく、セールスの熱意に押されて加入してしまうのです。みなさんも、社会に出ると、たちまちさまざまな保険のセールスにあって、驚くでしょう。もう一つは、「がんにかかるのは心配だ」という気持ちがあって、がん保険に入ると気分的に、将来のがんに備えたような気がして**気休めになるという心理的な効果**が大きいのではないでしょうか。

しかし、がん保険に入ったからといって、がんにかかる確率が下がるわけではありません。

必要のない保険に入るのは、「感情」に流されたり、つけ込まれたりすることによって、保険の理屈を忘れてしまって「何となく」加入してもいいような気持ちになってしまうからです。

お金の問題は、「感情」で決めてはいけないということを教訓として、保険の話を終わります。

がん保険まとめ

- 保険に入ってもがんになるリスクが**減るわけではない**

- 健康保険や各種助成があるため**自己負担は案外少ない**

- 変額保険、年金保険、運用目的の保険など**いずれも不要！**

お金の選択——ダメなもの3

お任せ運用について

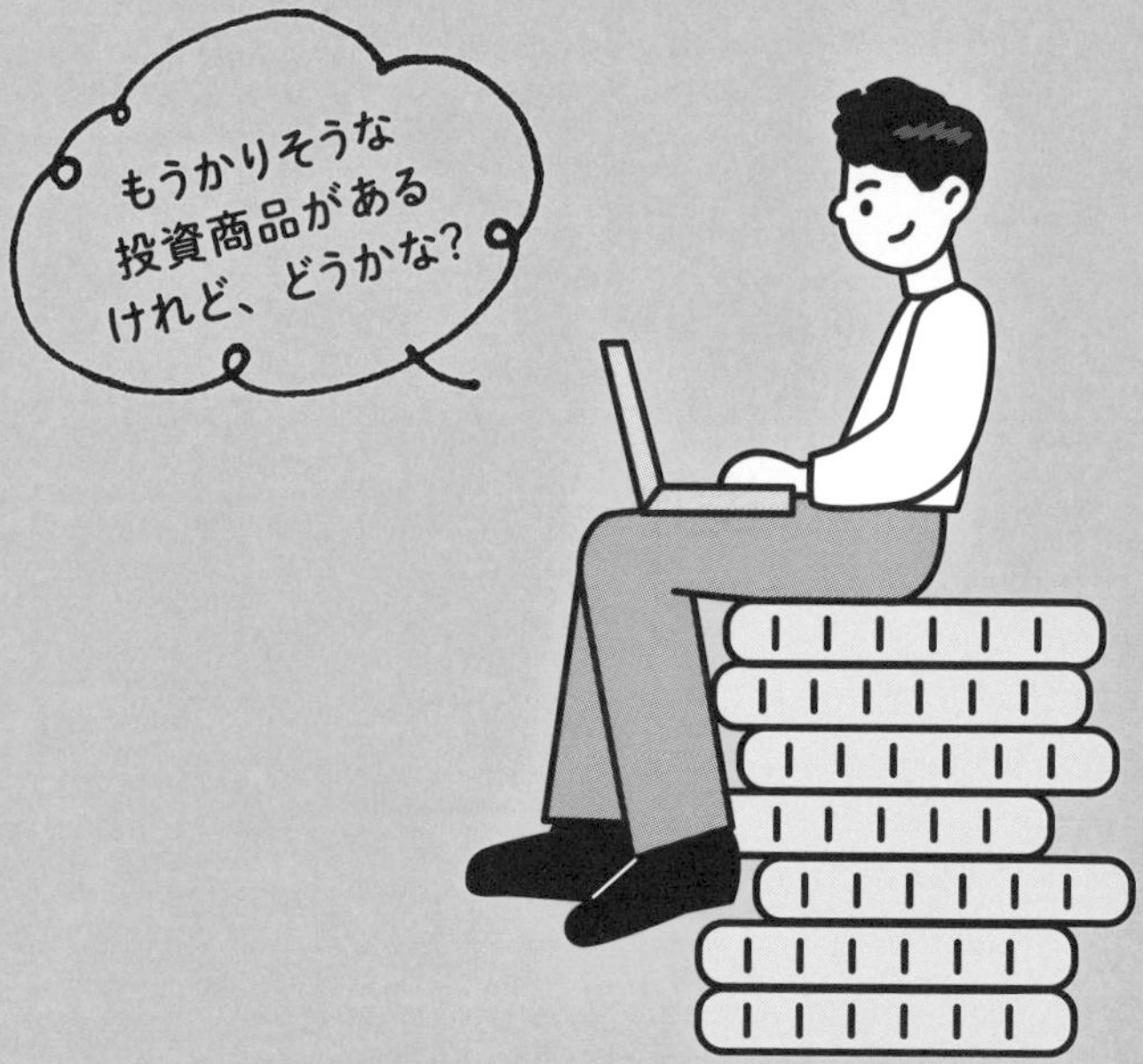
もうかりそうな
投資商品がある
けれど、どうかな？

お任せ運用

3番目です。運用の内容を、プロにお任せするという形式の運用サービスはほとんどがダメなものです。

まず、証券会社や信託銀行が熱心に売っているサービスに「ファンド・ラップ」がありますが、**これは全てがダメだと言いたいくらいダメな運用サービスです。**

「ラップ」とは英語で「包む」という意味で、一定期間の手数料を定額で固定してお金の運用をプロが担当するという触れ込みのサービスです。手数料をまとめて包み込むように一括で払うので「ラップ」と呼ばれます。

この中で、ファンド・ラップは、対象として投資信託を選んで投資するものです。投資信託には、信託報酬と呼ばれる運用管理の手数料が別途発生しますが、ファンド・ラップでは、ラップの手数料と投資された投資信託の信託報酬の二重の手数料がかかるので、合計した手数料が大変高くなる点が、顧客である投資家にとって好ましくない点です。

ラップ運用の手数料が高すぎることは、近年、金融庁も何度も問題として取り上げています。

しかし、プロがお金を預かって運用するという触れ込みなので、「投資家の状況とニーズに合わせた運用戦略の選択が可能だ」、「マーケットの状況判断と運用商品の目利きができるので、良い運用商品を選ぶことができる」といったことなどが強調されて、熱心にセールスされることが多いようです。

しかし、証券会社グループにも、信託銀行グループにも、このような特別な能力を持った人はいないので、こうした話は口で言ったり、パンフレットに書いたりするだけの、中身を伴わない宣伝文句に過ぎません。

先生の言うことが信用できない人は、「そんな高度で都合のいい能力を持っている人が、自分のお金ではなく、他人のお金を運用することを仕事にするだろうか？」と自分にツッコミを入れて考えてみてください。

しかし、例えば、「富裕層向け」を謳う、プライベートバンクなどと自称する金融機関が、「ゴールベース・アプローチ」などというありがたげな名称で、人生相談の劣化版のようなサービスと組み合わせて、ラップ運用を売り込もうとしています。

「富裕層向け」と聞くと、自分が知らない世界にはもしかして特別にいい運用方法や商品があるのではないかと憧れる人がいますが、この憧れは見苦しいだけで何の意味もありません。**富裕層向けの特別に有利な運用商品など存在しません。**

また、人間のプロが投資戦略や投資商品の選択を決めるラップ運用のほかに、プログラムが運用してくれる通称**「ロボ・アドバイザー」**と呼ばれる商品もありますが、人間の場合よりも手数料が安い分マシだとはいえ、手数料が実質的に二重取りされて、顧客である投資家にとって高くつくことの本質は変わりません。

さて、ラップ運用をはじめとする「お任せ運用」の手数料が高いのは事実です。調べると分かります。売り手も、積極的に言わないでしょうが、聞けば隠そうとはしないでしょう。

でも、売り手はこう言うはずです。「プロの運用には付加価値がある」と。

プロの運用に期待される付加価値とは分解すると、左ページの3つの判断力なのですが、そのいずれもが、実体は存在しないのに、あたかもあるように振る舞っているに過ぎません。

簡単にまとめると左ページのようになります。

まず、**その1**についてです。お金を運用していると、株価や為替レートの動きが気になります。プロに運用を任せる場合、株価が下落しそうな時には株式への投資配分を少なくして、株価が上昇する可能性が高そうな時に株式をたくさん持つような、「市場のタイミング」に対する判断を運用

実は、プロが持っていない3つの判断力

その1 市場のタイミングを見極める判断力

その2 平均よりもいい運用商品を見分ける判断力

その3 顧客に合った運用をデザインする判断力

に活かしてくれることを期待するのではないでしょうか。もっと素朴には、いつ買ったらいいか、いつ売ったらいいか、ということについて適切なタイミングを教えてほしいと思うでしょう。

ところが、**プロにも、アマチュアにも、市場のタイミングを適確に判断して利用する能力は「ない！」というのが運用業界の定説なのです。**

株価が上がるだろうとか、下落するリスクが大きいだろうとか、プロがあれこれ語る記事やニュースがあふれていますが、プロには「プロらしく語る能力」があるだけで「市場を予測できる能力」はありません。先生も市場についてのインタビューに答えることが時々ありますが、例外ではありません。信じないでください。

特別な運用法なんてない！

その2では、「ファンドの目利き」などと称して、良い運用商品を選ぶ選択眼があるかのように振る舞う専門家が多いのですが、**「平均よりもいい運用成績の商品」を事前に見極める能力を持ったプロも存在しません。**もちろん、投資信託は「後から見ると」優劣があって平均以上の優れた成績を上げるファンドがあるのですが、過去の運用成績と将来の運用成績には関係がありません。良いファンドと良くないファンドを「事前に」見分ける能力は、ファンドのアドバイザーにもありません。

すると、例えば国内株式の投資信託であれば、運用の優劣が事前に判断できないのだから、手数料が高いファンドは検討するまでもなくダメ、と判断することができます。他のカテゴリーでも同様です。運用商品は、このような方法で優劣を判断することができるので、「ファンドマネージャーが市場平均を上回る成績を目指す」という触れ込みのファンドは「アクティブ・ファンド」と呼ばれますが、ほぼ全てがダメな商品で、はじめから検討に値しません。

では、マネー雑誌や経済誌でよくある「プロが選ぶ、投資信託○選」という特集記事は無意味なのでしょうか。**「はい、無意味です。むしろ有害です」**というのが先生の答えですが、この答えに正面から有効な反論を受けたことは一度もありません。

その3の「顧客に合った運用」についてですが、顧客の事情については顧客自身の方がよく知っているし、何よりも「いくらリスクを取って投資してもいいか」という判断は顧客自身にしかできません。

加えて、1つのお任せ運用に全財産を任せる人は稀でしょう。すると、残りの資産を合わせた「運用全体はどうなっているのか」が問題になります。

つまり、**お任せ運用は、顧客の運用問題を何一つ解決しない**のです。富裕層向けのラップ運用でも、ロボ・アドバイザーでも本質は同じです。

もう一点付け加えます。**そもそも、自分にとって大事な意思決定を他人に「任せる」というアプローチが人生に向かう態度として も良くありません**し、お金の世界ではその弊害が分かりやすく現れます。ラップ運用の対象を投資信託にするファンド・ラップという商品がありますが、ラップを売る側が、顧客に不利で売り手側に有利な信託報酬の高い商品を選ぶ可能性もおおいにあります。

さすがに、証券会社も運用会社も、顧客に損をさせようとしているのではないでしょうが、自分たちがより多くの手数料を稼ぐことを望んでいます。

例えば、1%余計に手数料を取られることは、「1%分だけ余計にお金を取られている」のと同じことです。

自分の運用は自分で決めましょう。

お任せ運用まとめ

- 「ラップ運用」は手数料が高すぎるので近づかない
- 特定の人のための「特別に有利な運用」など存在しない
- 自分の大切なお金を人に任せてはいけない

お金の選択

「ほったらかし投資術」を教えます

「ほったらかし投資術」とは

ここまで、どうしてもダメだというものを3つ挙げ、それぞれダメな理由をご説明しました。覚えていただいたでしょうか。**リボ払い、がん保険、お任せ運用**の3つです。いずれも、ダメ！　ダメ！　ダメ！　です。

そして、最後には、自分の運用は自分で決めましょうとお話しました。

「お金の世界は、ダメなことが多いし、自分で運用を決めなければいけないなんて、難しくて大変だなあ」と思った方が多いかもしれません。

でも、安心してください。いいニュースがあります！　その**「自分で決める運用」**が実はとても簡単なのです。

名前を付けると**「ほったらかし投資術」**です。先生には、同名のタイトルの著書がありますが（『ほったらかし投資術』山崎元、水瀬ケンイチ共著、朝日新書）、この内容をさらに簡単に絞り込んでお伝えします。

簡単にしてしまって大丈夫なのか、ご心配でしょうか。大丈夫です。先生が言うのだから、間違いないと思って、でも少しは疑いながら、59ページのエッセンスを参考に聞いてください。

まず、株式に投資することのイメージですが、これは企業の生産活動に資本を提供する形でお金を「働かせる」行為です。「働かないで、稼ぐ」のとは違います。

では、企業はどこから利益を得るのかですが、主に自分の貢献よりも安く働く会社員からピンハネした価値を集めて利益を得ています。

会社員は、安定した雇用、決められた仕事、安定した給料などの「リスクを取らず、工夫をしなくてもいい」条件を喜んで受け入れて、「少し安く」働いているのです。世間を見渡せばそこかしこに歩いてる、同じような服装と表情をしていて、同じように会社で働いているあの人たちが企業に利益を提供しているのです。

経済全体の循環を大きく眺めると、リスクを取りたくない人から、リスクを取ってもいいと思っている人が利益を召し上げる仕組みになっています。善し悪しは別として、そうなっています。

多くの人々はリスクを取りたくない。企業はリスクを取ってビジネスを行う。そして、企業の行為にリスクを取って資金を提供することで参加す

「ほったらかし投資術」のエッセンス

その1 運用のプロでなくても平均に近い運用ができる

その2 長期投資で手間がかからない

その3 手数料、コストが安い

る手段が株式投資です。

世の中では、**（1）工夫をせずに他人と同じように行動して**、**（2）リスクを取ろうとせずに安定を目指すと、経済的に不利な方向に引き込まれる「重力」が働いています。**働き方を考える時や人生のパートナーを選ぶ時の参考にしてください。

さて、**株式投資は資金を「リスクを取って働かせる」ので、平均的には、銀行の預金金利よりも少々高い利回りが期待できる**と考えられています。それがどのくらい高いのかを正確に知っている人はいませんが、先にお話ししたように、だいたい**金利＋5％から6％くらい**だと考えている人が運用のプロや学者には多いと言っておきます。

もちろん、投資した資金が減ってしまうことが時々ありますし、なくなってしまうことが「絶対にない」とは言えません。しかし、平均的には、預金金利よりも（少し控え目に見て）5％くらい有利に増えると期待できるように思います。

投資は、増えたり減ったりしながらもお金が増えることが期待できる金庫か貯金箱、タイムカプセルのような容器に当面使わないお金を入れておく行為だと考えておくといいでしょう。

では、この容器の中に何を入れたらいいのか。また、いつ出し入れしたらいいのでしょうか。

ここで、先ほどお任せ運用がダメな理由として挙げた、プロが持っていない判断力を思い出してください。

まず、**プロは、平均よりもいい運用成績の商品を見極める能力を持っていない**のでした。そのため、プロたちの「平均」を持つことが有利になるのです。現在、欧米の政府系ファンドや大企業の年金基金、有名大学の基金などの機関投資家は、世界の株式に分散投資するグローバルな株式運用を行っています。**彼らの運用の「平均」に近いのが全世界の株式に広く投資した全世界株式インデックス・ファンドです。**インデックスとは株価指数のことですが、全世界の株式を元にして計算するインデックスと同じ構成で運用しようとするのが全世界株式インデックス・ファンドです。

これは通称「オルカン（オール・カントリー）」とも呼ばれますが、このファンドは全世界の株式数千銘柄に投資しています。株式の価値が大きな

ほったらかし投資のイメージ

国には大きなウエイトで投資して、小さな国にはその逆、という形での「平均」です。現時点では、米国の株式が約6割で、日本の株式は6％弱です。ただし、この比率は、将来の各国のビジネスの様子を反映して変化します。例えば、米国の比率が下がって、インドの比率が上がるようなことが、将来は起こるかもかもしれません。

しかも、このオルカンは、信託報酬と呼ばれる運用管理の手数料が年率0・05775％以下（税込）と大変安いのです。

100万円を運用して、1年間に578円以下なのです。想像してみてください。よくあるような手数料率が1％の商品なら、1万円になりますから、なんと馬鹿馬鹿しいことでしょう！

そして、もう一つ思い出してほしいのですが、**プロにも有利なタイミ**

手数料率で こんなに違う！

100万円運用して…

オルカン手数料 0.05775%なら
▼
578円

手数料 1%年率なら
▼
1万円

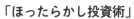

ングを見極める判断力は「ない！」のでした。つまり、運用期間が短期でも長期でも、長期的にいいだろうと考えられるものをボンヤリと持っている以外にできることはないというのが真実なのです。

はっきり言い直します。**長期でダメな商品は、短期でもダメ**なのです。

仮にオルカンが一番いい運用商品だとしたら、例の貯金箱的なお金の器の中にはオルカンだけ入れておけばいいということになります。しかも、いい売買タイミングなど分からないのですから、なるべく早く入れて、お金が必要になるまでずっとほったらかしておくのがいいという結論になります。

そして、**お金が必要になったらいつでも部分的に解約して換金し**

ていいのです。タイミングは判断できないのだから、「いい売り時はいつか？」と考えて迷うことは無益です。

以上が運用の基本であり、同時にほぼベストな運用像なのです。

さて、昨今、**ＮＩＳＡ（少額投資非課税制度）とかｉＤｅＣｏ（個人型確定拠出年金）**といった税制上有利になる運用口座が話題になります。さらに、新しいＮＩＳＡ制度も始まり、非常に注目されています。

こうした制度は、運用対象ではなくて、投資する際の有利な「器」だと理解しておくといいでしょう。なるべく大きく使うことが有利です。細かいことは、その都度調べてみてください。

例えば、新しいＮＩＳＡ制度では「つみたて投資枠」と「成長投資枠」

という2つの投資枠がありますが、どちらもオルカンないし、オルカンのような商品に投資しておくといいのです。

金融庁は「つみたて投資枠」の対象商品として長期の資産形成に適したものを選んだと言っています。では「成長投資枠」では別の商品がいいのかと言うと、そのようなことはあり得ません。「長期でダメなものは、短期でもダメ」なのですから、どちらでも**一番いいもの、同じもの、に投資しておくといいのです。**

投資対象を選ぶ際に、あたかも洋服を選ぶかのように、「その人のタイプに合ったもの」を選ぶのが正しいかのようなイメージを抱きがちですが、これは正しくありません。

若い人でも、高齢者でも、富裕層でも、庶民でも、お金の運用に求めるのは効率よく増やすことだけです。お金の持ち主のタイプ別に適切な商品が変わるようなことはありません。しかも、お金の使い道は、後から好きなように決めることができます。「子どもの学費」とか「将来の病気の備え」のようなものに、使用目的をあらかじめ決める必要はありません。だから、少々の貯金があるなら、がん保険はいらないと言えるのです。

ほったらかし投資術まとめ

- プロにも、投資時期の判断を**見極める能力はない**

- 全世界の株式に広く投資した**「全世界株式インデックス・ファンド」**がベストの選択

- **なるべく早く投資して、**お金が必要になるまでずっと**ほったらかしておく**

講義のまとめ

最後に、投資のリスクの話をしましょうか。

オルカンにせよ何にせよ、株式に投資すると、お金が減るリスクはあります。1年で3割くらい減ることは、運の悪い時期に当たると十分にあり得ます。しかし、平均的には有利に増えると期待できると思う人はリスクを取って投資します。それだけのことなのですが、そこで大きな差が付きます。

考えてみてください。例えば、仕事であれば、クビになったり、職場が我慢できないほど嫌になったり、給料が減ったり、会社がつぶれたりするリスクもある。健康を害するリスクもあるし、急死してしまうリスクだってある。夫婦や友人関係のような人間関係にも時に大きなリスクがあります。ただ、お金の運用のリスクは、株価のような時々の数字に表れるので気になります。

しかし、はっきり言いましょう。**他のリスクをたくさん取って人生を過ごしていながら、お金のリスクにだけ敏感になるのは馬鹿げています。失敗しても、たかだかお金で済むことです。**

仮に無一文になっても、健康で、自分を信じてくれる友達がいれば、やり直しがきく。それが人間ではないでしょうか。

お金のことでは、無駄な損を避けて、できるだけ悩まないのがいいのです。そのために必要なヒントは、今日の授業の中に十分に盛り込んだつもりです。

最後に、復習しましょう。

「リボ払いはダメ！　がん保険はダメ！　お任せ運用はダメ！

そして、運用は『ほったらかし投資術』でいい」

これだけ常に覚えておいて、後は、時々その理由を思い出してください。

お金を適切に扱って、気持ちのいい人生を送ってください！

ご清聴ありがとうございました。

GOOD

＼スッキリ解決！／

おまけの補講

まだまだ気になるお金のアレコレ
山崎先生に聞いてみた！

Q

FIRE

早くから計画的にお金を貯めて、若くしてリタイアする「FIRE」を目指したいのですが、どうしたらいいでしょうか?

A

お金を貯めることを人生の目的にしてしまうと、自分への投資が減ってしまう。経験や楽しむことも大切。お金は使う時は気持ちよく使おう。

「資産投資の収益で生活がまかなえて、資産が減らない状況」を作れれば、ＦＩＲＥ（早期リタイア）できるという考え方がはやっています。「経済的自由」つまり、まとまったお金があると、自由な人生が手に入る――と、そこをすごく魅力的に感じる人が少なくないようです。

ちょっと考えてみましょう。節約して、投資がうまくいったら、会社や仕事から自由になるお金が手に入って、好きなことができて、人生を謳歌できるということなんだけれども、自由を獲得しないと、人生は十分に満喫できないのかな?

ちょっと計算してみましょうか。

Aさんの収入がいま500万円あるとして、生活費をその半分の250万円に切り詰めて、250万円を資産運用で増やすとしましょう。年平均4%の利回りで運用できれば、始めて18年で6400万円に到達できます(積み立てと複利で計算)。

6400万円の4%が256万円だから、その後は運用収益だけで生活すれば、資産は減らないことになります。例えば25歳から始めると、43歳で引退(ＦＩＲＥ)できることになります。

一方、Ｂさんは、毎年１００万円を運用しながら貯めたとしましょう。Ｂさんも25歳で始めたとすると、同じ43歳になった時、資産が２５６４万円になっている計算です。Ａさんよりだいぶ少ないので、Ｂさんの方は、まだまだ働き続けないと不安でしょうが、Ａさん、Ｂさんを**「人的資本への投資」**の面で比べるとどうでしょうか。

「人的資本」つまり、**自分への投資とは、知識、スキル、経験などです。**25歳から43歳という人生で一番元気な18年間を節約第一で我慢して暮らした人と、ある程度お金を使って過ごした人では、**人生経験で結構差がついてしまっている可能性が高い。**

たとえば、ある程度お金を使っていれば自分や家族への教育やおいしいものを食べた「経験」や、社交による人的ネットワークを手にしていたかもしれない。人脈や経験は仕事にもつながるから、稼ぐ能力も高くなっているように思う。

〝爪に火をともす〟ような生活でＦＩＲＥを目指すと、深みのある人になれないし、おいしいワインの味もわからないかもしれない。本人も楽しくないだろうし、先生はもったいないと思う。

なぜか自分に自信がない人ほど、金融資産を持ちたがる傾向があります。お金があれば安心と思っているのかもしれないけれど、先ほどがん保険の話をしたとおり、本当に必要な金額はそんなに多くないもの。使う時には気持ちよく使うといい。

旅をしようにも、60代、70代になってからバックパックで世界旅行は難儀。若いうちにしかできないこともたくさんあります。

資産運用の仕事をしている立場では、若い人が資産運用に関心を持ってくれるのはありがたいけど、「経済的自由を」といったＦＩＲＥブームをあおる広告に踊らされないように気をつけましょう。

Q

新NISA＆iDeCo

株式投資を始めようかと思っています。「新NISA」と「iDeCo」をよく聞くのですが、どう違うのですか？それぞれどんなふうに始めたらいいですか？

A

NISAも・iDeCoも、税制優遇が大きい。資産運用のお得な「器《うつわ》」としてガンガン活用しよう。まさか、まだやっていない？　いますぐに始めよう。

資産運用で絶対儲かる、はないけれど、コストの圧縮はだれでもできる。「新NISA」と「iDeCo」はすごく便利な制度で、利用しなければ損、とはっきりと言えます。

新NISAは国内在住の18歳以上、iDeCoは20歳以上の国民年金被保険者が加入することができる。この授業を聞いている人はほとんど資格があるんじゃないかな？　まだの人は、いますぐに始めましょう。

新ＮＩＳＡはこれまでのＮＩＳＡが、２０２４年から拡充されたもので、**年間360万円、生涯で最大1800万円まで、投資で得られた利益が無期限で非課税となる。**

通常の投資運用では、運用益の2割は税金で引かれるから、これは非常に大きい。

ＮＩＳＡの「つみたて投資枠」では、金融庁が厳選した手数料の安い投資信託しか買えないようになっていて、手数料の高いボッタクリ商品に手を出すことも避けられます。

ＮＩＳＡは自由にお金の出し入れができるので、将来、子どもの教育費や、起業するとか、まとまったお金が必要になった時に必要な分だけ売ればいい。

iDeCoは、国の年金をカバーするために、個人で資産形成をするためのもの。「私的年金」なんて呼ばれたりします。

NISA同様、運用益に税金はかからないし、自分で出した掛け金は必ず自分で受け取ることができる。年金として活用するものなので、NISAにはない税制の優遇があり、iDeCoの掛け金は所得控除の対象になります。見た目の収入が少なくなるから、所得にかかる税金自体が安くなる。

つまり、積み立てをしているだけで、節税になるのです。

iDeCoの方は老後資金としてのものなので長期投資が

前提で、「原則として60歳まで下ろせない」ことは覚えておきましょう。

NISAの口座とは別に作る必要があるのと、NISAと違って口座を持つだけで若干手数料がかかりますが、どちらもぜひ、始めましょう。

先ほどの授業でお話ししたように、どちらも、手数料の低いインデックス・ファンドを毎月コツコツ買っていくのがお勧めです。

超カンタン！

NISAとiDeCoの始めかた

1 **金融機関を選び、口座を開く準備をする**
（ネット証券がお勧め）

▼

2 **口座開設のための必要書類を用意する**
（マイナンバーカードや運転免許証、住民票など）

▼

3 **申し込み手続きをする**
（金融機関のサイトや店舗で口座開設の申し込み手続きをする）

▼

4 **金融機関の審査後、口座開設完了！**

▼

5 **ログインして、商品を選び、掛け金を設定する**

iDeCoの掛け金は
年末調整で申告しよう！
税金が優遇されるよ

Q

株を買うタイミング

株を買うタイミングは、デフレの時とインフレの時でどっちが得なのでしょうか？円高の時と円安の時でも違いがありますか？

A

投資の「いいタイミング」はだれにも分からない。「今が得！」というあおり文句にあわてないこと。

よく、「投資タイミングを選ぶことが大切だ」という話を聞きますね。グラフなどを見せられて、もっともらしく言われると、そうかなと思わされそうだけど、実際に「いいタイミング」を選ぶのは、「儲かる株」を選ぶのと同じくらい、プロでも難しい。「後出しジャンケン」です。

世間では「将来のインフレに備えるために」とか「将来は

円高(円安)になるから」といったような宣伝文句で釣る商品もありますが、こういうものに付き合う必要はない。

投資は、あくまで自分のタイミングでやるもの。

市場の動きや適切な投資タイミングを予言できると主張する人はいるかもしれませんが、まあ、詐欺の可能性が高いので近づかないのが無難でしょう。

それから、「長期投資だとリスクが減る」というのもよく聞くけれど、これもうそです。授業でお話ししたように長期でも短期でもリスクは変わりません。金融商品のPRでよくあるので、注意しましょう。

長期投資のメリットは、コツコツと貯めていくことによって、積み立ての効果で相対的にリターンが大きくなること、手数料といった一時的なコストを薄めるのに有効ということ。短い期間に売り買いする短期投資のコストが馬鹿馬鹿しすぎるので、相対的に有利というだけのことです。

では、リスクを下げるためには、どうすればいいのか。分散投資です。先生がインデックス投資、なかでも世界中に分散投資するインデックス・ファンドを勧めるのは、指数に投資することで、超分散投資をしていることになるからです。

ちなみに、インデックス・ファンドに投資した場合の株式投資のリターンは、100年に二、三度あるくらいの経済状況が「最悪の場合」で1年間に3割ぐらいの損失、同様の確率の「幸運な場合」で4割くらいの利益、平均的には短期金利が0%なら年率5~6%くらいだと考えられています。

投資のプロといわれる人が、株を吟味して投資商品を作って運用しても、これを超えられないので、高いコストを払って、「特別な」金融商品を買う必要はない、ということです。

O.K!

Q

個別株投資

個別の株を買うと、その会社の商品がもらえたり、入場券がもらえたりする株主優待が楽しそうです。株主優待が充実している会社に投資するのは不純ですか？

A

不純です（笑）。個人の趣味として優待や割引を楽しむのはいいけれど、それを目的とするのは本末転倒。ただし、個別株投資は経済の勉強になるので、「推し」株を、少額ならやってみてもいい。

本書では、市場の数字に連動したインデックス投資をお勧めしています。これに対して、個々の会社の株を買うことを、「個別株」投資といいます。

先生は、初心者やお金のことをあまり考えたくない人には、個別株投資はお勧めしていません。リスクはあるし、コストもかかるからです。

しかし、半面、ゲームとしてはこんなにおもしろいものはないと思っています。知的ゲームの要素があるし、会社や経済の勉強にはもってこい。商品を愛用している会社なら、「推し」の気分にもなれるでしょう。

株選びの動機の一つとして、株主優待が人気です。マネー雑誌でもよく特集しています。

企業側にとっては製品のマーケティングに役立つ面もあり、全てを否定するつもりはありませんが、これだけを目的にするのはお勧めしません。

まず、株主を平等に扱っていないこと。特定の場所でしか使えない割引券やサービス券は人によっては無価値だし、機関投資家や外国人投資家は優待を利用できない場合がほとんど。特別なサービスや割引を行うのだから、企業にとっても余計なコストが増える。

配当であれば、公平で分かりやすいので、いいと思います。

もし個別株への投資をするなら、

①その会社のことをよく知る

②PER（株価収益率）を見る

③増益率を見る

④同業種の他の銘柄と比べる

⑤過去の利益予想の変化と株価の変化を比較する

⑥過去の出来高（市場での取引株数）を見る

といったことを見て判断しましょう。

いま興味を持っている銘柄の株価が割高なのか、割安なのか、といったことを大まかに見ることが大切。一般論としては、取引が少ない銘柄や株価が割高（ＰＥＲが高く、利益成長率が低い）な銘柄は避けた方がいいでしょう。

いまは少額投資もできるので、できれば異なる業界の３業種くらいの銘柄で始めるのがお勧めです。

自分のお金で特定の会社に投資すると、その会社の経営内容や新商品、新事業への投資などの情報も気になってくるもの。株主総会への招待状も来るので、出席してみると、会社の雰囲気も分かってとても勉強になるでしょう。

Q

人生の選択

仕事のできるしっかりした相手と結婚して、専業主婦（夫）になると、人生安泰なのではないでしょうか？

A

結婚は経済で言えば「バブル」。株価が下がる時があるかもしれないし、収入を一つにするのはリスクもあります。

「専業主婦(夫)」というのは、なぜか一定程度憧れる人がいます。うまい具合にそんな相手が見つかるかはともかく、相手に生活力があって、自分は働かなくていい状況になれる、というところが魅力なのでしょうか。それとも、昔「永久就職」という言葉があったけれど、ある種の職業として考えているのでしょうか。

まず「結婚」を、経済的に考えてみましょう。

結婚というのは、恋愛の過程のなかではしばしば「バブル」の状態で行われます。

バブルとは、株価がどんどん上がっていって、土地や建物、宝石、絵画などあらゆる価格がつられて上がり、実際の価値以上の評価が付いてしまう状態です。

お互いの恋愛感情・愛情が高まって、この人は素晴らしい人であると認め合う。もっともっと……となって、お互いに時間や自由、人生全てを差し出して、二人の世界を作ろう、というバブルのピークに近い状態で行われることが多い。

ところが、バブルというものは長続きしない。これ以上その価格を維持できないとなった時に崩壊する。恋愛のバブルがどれくらい続くのか、というのがなかなか微妙な問題です。昔の歌謡曲に『3年目の浮気』なんていうのがあったけれど、3年くらいたつと飽きてくることが多いと思われます。

実際、日本の夫婦の3組に1組が離婚するといわれます。この割合は就職や転職にも言えることなので、**人生の重要な決断の3回に1回くらいは失敗すると考えておいた方がいい。** 何ごとも失敗することに耐えられるようなメンタルを含めたプランを備えておきたいところです。

歳月とともにバブルの愛とは違う愛が育っていくよさもあるけれど、どんなに仕事ができる相手でも、病気になるかもしれない。仕事がうまくいかず、収入を失うこともありうる。

その時に自分でも稼ぐ手段があると安心です。

共働きで夫婦両方が稼ぐ状態なら、一方がリストラされても他方が支えることもできる。生活のためには最強の保険……と言うと、ちょっと現実的すぎるかな。

えっ？「先生、では、相手を分散投資すればいいんじゃないですか？」だって？

うーん、たしかに、どんなことでも投資先を一点に絞るとリスクが高まるので、分散投資しなさい、と教えているけど、先生もさすがに結婚のポートフォリオは教えられないなあ。チャレンジする人がいたら、ぜひそっと報告してください。

Q

現物への投資

金(GOLD)への投資は どうですか? 世界情勢が 不穏で、金の値段が 上がっているそうです。 親は、金の広告を見て、 株などは危ないからコツコツと 金を買っておいたらどうだ と言うのですが……。

A

「お金に働いてもらう」観点からは金は運用にふさわしくありません

金投資の広告は、キラキラした金の写真で、「変わらぬ本物の価値を」と誘ったり、そうかと思えば、世界情勢や金融市場の不安をあおって現物の金を持つ安心感を語ったり、融通無碍《ゆうずうむげ》だなあ、とつくづく感心します。

大昔から、金は人を魅了する美しい物質です。歴史をさかのぼれば、黄金を巡って戦争もあったし、こぞって錬金術師たちが金を生み出そうとした時代もありました。

非常に魅力がある物質であることは間違いありませんが、

金自体が金利や配当のような果実を生むものではありません。金がなんらかの生産活動の「資本」になっているわけではないからです。

投資として金を持つ、あるいは少しずつ金を買って積み立てる、というのは、昔の人がよその国から奪って権力の象徴として持つ、というよりは少々現代的かもしれない、くらいの違いです。

原油価格や国際情勢などの影響を受けて、金の価格はつねに上下しているので相場としておもしろい、ということはあるでしょう。**ゲームかつ投機として割り切って「楽しむ」のならいいかもしれない。**それなら、売買コストの高い現物の金より、商品先物のネット取引がいいでしょう。

親御さんが見ているのは、不安をあおって金投資を勧める広告のようです。株や債券は紙くずになるかもしれないので現物が安心……。どうも「目に見えるモノ」信仰は、人間にしみついているようです。金以外にも、不動産投資などもその手のセールスが多いようです。

将来の不安を語り、「将来に備えて」と言って売ろうとするのは、化粧品でも健康食品でもよくある手口ですが、金融商品はライフプラン相談などと称したサービスとセットにして売り込んでくるなど巧妙なので、特に要注意です。

Q

最強の投資

少子高齢化で日本経済は衰退するといわれ、将来が不安です。年金も「もうすぐ破綻する」みたいな話も聞きますが……。

A

どんな時代でも、自由に楽しく生きることはできる。自己投資が最大の投資。

日本経済の先行きもそうだし、大災害、地球の先行き、はてさて結婚相手に巡り合えるのかどうか……、みなさん、心配なことがいろいろあるようです。

お金のことに限って言うと、不安なのはやっぱり、将来お金に困るんじゃないか、生活が苦しくなるんじゃないか、ということになるかもしれない。

日本経済のことはさておき、だいたいの人にとって生涯の収入の大半は、自分で働いて稼ぐ給料や報酬ということになるでしょう。お金の不安を少なくするには、当たり前のようだけど、収入を増やすことが第一になる。

景気がどうなっても、世の中がどうなっても、どんな時でも、自分自身が最大の資産です。経済学では、「人的資本」といったりするけれど、これをどうやって高めていくかをつねに考えるといいでしょう。

時間やお金をかけてスキルを身に付けたり、資格を取って自分の人材価値を上げていくことを目指すのもいいし、手っ取り早く人より多く働いて、収入を増やすという手もある。

ただ、大きな支出をしてしまうと、いくら稼いでも収入が追いつかなくなる。**①不動産、②生命保険、③自動車あたりには、特に若いうちは手を出さないこと。**そして、お金にも働いてもらうと効果が大きいから、今日の授業で話した「ほったらかし投資術」で長期投資をしましょう。

一般的に言って、「お金」「時間」「自由」はゆるやかに交換可能です。仕事は一日の大半の時間を使うので、好きでない仕事に多くの時間を費やすのはマイナスだし、好きな仕事ができる場なら、多少収入が減っても、自分にとって総合的にプラスになるということもあります。

自分は、自分という従業員を働かせる会社の経営者というふうに考えてみるといいでしょう。日本経済が心配なら、そのなかで、「自分会社」にはどんなリスクがあって、どう備えたらいいのか……と考えて、社長として長期的な「経営計画」を立ててみるのもいい。

年金については、若いうちは心配しすぎる必要はないけど、前出のｉＤｅＣｏはお得な制度なので、少しずつ積み立てておくといい。

老後というと、みなさんにはまだ想像ができないかもしれないけれど、高齢になればなるほど、幸福感に占めるお金のウエイトは減っていく。人間関係をつくるのだって、お金を貯めるのと同じく時間がかかる。これも長期投資で大事に育てていきましょう。

おわりに

「ヤマチャン、うちの学生に1コマだけお金の授業をしてほしい。ただちに分かる、具体的な知識を伝えてほしい。一生役に立つマネーリテラシーにつながる話がいい。ただし、難しい話はダメだよ！　分かりやすい話で頼むよ」

長年の友人である、帝京大学教授・辻廣雅文さんにそう頼まれました。

つい引き受けてしまいましたが、体調もあって実際に教壇

おわりに

に立つのはちょっと自信がない。そこで、1コマ分の原稿を作って進呈することにしました。

その原稿を担当の編集者に見せたら、おもしろがってくれて、この本ができました。

さて、辻廣さんのお話は、何とも難しい依頼です。学生相手ですから、投資や運用に興味のある人に対して話すような体系的で網羅的な話は多分伝わりにくい。何を伝えたらいいか、イチから考えました。

個人的な話で恐縮ですが、筆者には、高校生の可愛い娘がいます。彼女が大学生か短大生になった時に聞いて分かる話にしよう。お金にあまり興味がない人でも、だれもが人生で役立つような内容がいい。そう考えました。

お金については、たくさんの清濁の情報があり、いろいろなセールスのたぐいが飛び交っています。そんななかで、「これだけ」を知っておけば、まず大丈夫だろうという重要なことを、エッセンスに絞って詳しく話す作戦を思いつきました。

そうして考えた構成が、お金の「ダメ」を厳選し、自信を持っておすすめできる「ほったらかし投資術」をうんとやさしく紹介する、というものです。

さらに、授業の後の学生からの質問を想定した「補講」も付けました。このパートは、筆者がよく受ける質問を選び、

おわりに

担当の友澤和子さんと一問ずつ、オンラインでお話ししながら作りました。筆者の希望で、イラストやマンガも入れて、楽しく読めるように工夫しました。すぐに読める小さな本ですが、きっと一生役立つ「お金の大丈夫」が詰まっていると自負しています。

本書を楽しく読んで、必要以上にお金にわずらわされることなく、好きな人生を送ってくださることを願っています。

山崎　元

山崎先生、お金の「もうこれだけで大丈夫!」を教えてください。

90分で一生役立つお金の授業

2024年4月2日　初版第1刷発行

著　　者　山崎　元
発 行 人　土屋　徹
編 集 人　滝口勝弘
編集担当　友澤和子
イラスト　平松　慶
装丁デザイン　株式会社弾デザイン事務所
発 行 所　株式会社Gakken
〒141-8416　東京都品川区西五反田2-11-8
印 刷 所　中央精版印刷株式会社

≪この本に関する各種お問い合わせ先≫
●本の内容については、下記サイトのお問い合わせフォームよりお願いします。
https://www.corp-gakken.co.jp/contact/
●在庫については　Tel 03-6431-1201（販売部）
●不良品（落丁、乱丁）については　Tel 0570-000577
学研業務センター　〒354-0045　埼玉県入間郡三芳町上富279-1
●上記以外のお問い合わせは　Tel 0570-056-710（学研グループ総合案内）